妙智拳法图解

朱立军　著

内蒙古出版集团
内蒙古人民出版社

图书在版编目(CIP)数据

妙智拳法图解/朱立军著. －呼和浩特:内蒙古人民出版社,2015.9

ISBN 978－7－204－13604－9

Ⅰ. ①妙… Ⅱ. ①朱… Ⅲ. ①拳术－中国－图解 Ⅳ. ①G852.1－64

中国版本图书馆 CIP 数据核字(2015)第 220008 号

妙智拳法图解

作　　者	朱立军
策　　划	郭　刚
责任编辑	晓　峰
封面设计	李　琳
出版发行	内蒙古人民出版社
地　　址	呼和浩特市新城区中山东路 8 号波士名人国际 B 座 5 楼
网　　址	http://www.nmgrmcbs.com
印　　刷	内蒙古北方印务有限公司
开　　本	710mm×1000mm　1/16
印　　张	8
字　　数	130 千
版　　次	2016 年 1 月第 1 版
印　　次	2016 年 1 月第 1 次印刷
印　　数	1—4000 册
书　　号	ISBN 978－7－204－13604－9/G·2887
定　　价	28.00 元

妙智拳法圖解

吳學仁題

弘扬民族养生文化
增强人民健康体质

为朱主笔同志新作
付梓出版题

任亚平
二〇一五年十月十四日

目　录

序　言

妙智拳法含有“妙智八极飞虎拳”和“妙智八极飞龙掌”，还有妙智刀、枪、剑、圈等器械。此拳法由中国武术协会常务理事、内蒙古自治区武术协会主席朱立军先生所创。

朱立军先生自幼(8岁)拜谭腿门宗师张文玉老先生为师，曾学习了十趟谭腿、十八趟砸拳、太祖拳、仙人传、夕阳掌、短拳，查拳，六架势等长拳，还学习了八仙剑、四平刀、万胜双刀、凤凰狼牙圈、五虎枪、梨花抢、蒲坛双钩、猴棍等器械。青年时期，他同北镇医巫闾山刘焕军老师及当代武术名师张奇先生学习了武当自然门的形意拳、八卦掌、三十六阴阳手等内家拳法。二十世纪八十年代，他向谭腿门师伯赵文元老师学习了吴式太极拳、三皇炮，阴把枪及达摩祖师的“易筋经”功法。五十多年来，他深入研究了内外两家拳法的风格和特点，以传承和弘扬中华武术文化为己任，打破了门派界线，坚持以健身、防身为主要目的，于20世纪八十年代中期创编了《妙智八极飞虎拳》和《妙智八极飞龙掌》，又于21世纪初期创编了《妙智养生功——二十四节气养生法》。今天将妙智八极飞虎拳和妙智八极飞龙掌公诸于世，希望对武术爱好者有所帮助。

“妙智”是朱立军先生的笔名。“妙智八极飞虎拳”和“妙智八极飞龙掌”是一套内外合一、意形相融、刚柔相济、气力贯通的武术拳法。此两种拳掌的行拳足迹以九宫八卦为方位，以八方交叉为路线，走成二十个三角、八枝梅花、四块方地之状，故称“妙智八极飞虎拳”和“妙智八极飞龙掌”

妙智八极飞虎拳的特点是：以手画太极图起式，展现了松静虚无的境界，拳法中从猛虎打盹、猛虎抬头开始，像故事一样，展现出猛虎苏醒、行山、上树、献技、打斗、猎取果实的全过程，活灵活现地显示了虎形、虎神、虎威、虎势的雄壮特点。整套拳法中贯穿了心与意合，意与气合，气与力合，手与脚合，肘与膝合，肩与胯合的“六合”拳理，体现了粘、连、粘、随，圆活、自如的行拳风格。

妙智八极飞龙掌以舒展大方，自由自在的身法展现了清虚无为的意境。此掌法从青龙出水、青龙戏珠开始，以洒脱自如的身法、步法、手法展现了飞龙柔韧、灵活、强壮、刚猛的性格。整套掌法中，动中有静，静中有动，刚中有柔，柔中含刚，内外相融，虚实并发，好像行云流水连绵不断，又像游龙翻转变化莫测。练此掌法要求以意领气，以气发力，久练不仅可以疏通任督二脉，还可以打通十二经脉，通达四肢百骸，是一套养生健身、祛病延年的绝好功法。

朱立军先生之所以将“妙智拳法”公之于世，意在抛砖引玉，进一步挖掘社会中蕴藏的武术精华，大力弘扬和发展民族瑰宝，让更多的人了解武术，热爱武术，能够通过习练武术增强体魄，达到延年益寿之目的。

高小军

二〇一五年七月二十二日

妙智八极飞虎拳图解

妙智八极飞虎拳以九宫八卦图为行拳路线，八方运行，交叉自如，自然走成了二十个三角、八枝梅花、四块方地，具有轻灵、圆活的特点。

妙智八极飞虎拳行拳路线图：

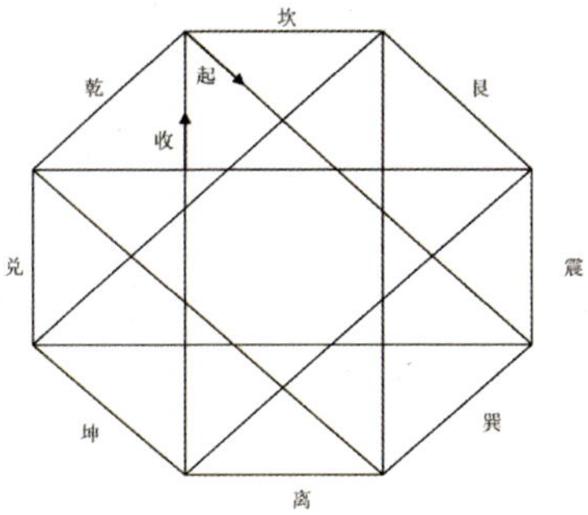

面朝南或东方，以左上方为起点

妙智八极飞虎拳的要领：

1. 松肩沉肘，含胸拔背，头正颈直，舌舐上腭；

2. 内三合：心与意合，意与气合，气与力合；

3. 外三合：手与脚合，肘与膝合，肩与胯合；

4. 步法轻灵，身法灵活，行拳流畅，拳掌交融，攻防自如，变化无穷。

妙智八极飞虎拳的主要身法、步法及拳法：

身法及步法：闪、辗、腾、挪、窜、蹦、跳、跃、翻、转、扑、扣、蹲、坐、缠、钻。

拳法：顶、打、捶、击；砸、斗、推、抓；攻、撞、缠、抽、抻、盖、掏、托；撩、剪、摆、压；劈、贯、拍、靠。

妙智八极飞虎拳动作分解：

第一趟：

预备式：面向南或东，全身放松，身体直立，两腿与肩同宽，两臂下垂，两眼平视，舌舐上腭，自然呼吸。见图1。

图1　预备式

第一　手画太极图（起式）

右手自右下方伸向左上方，自左向右，再向下向左，再旋转向右向上向左向下，以手画一个完整的太极图，眼随手观。见图2、图3。

图 2　手画太极一

图 3　手画太极二

第二　猛虎打盹

接上式，右手由左向下向后，撤至肋部贴身胯拳，拳心朝上，在右掌后撤的同时，左手变拳，从右掌腕上方向左前下方击出，同时右脚向左前方跨一小步，双腿卧盘半蹲下，眼看左拳，拳眼朝上。见图 4。

图 4　猛虎打盹

第三　猛虎抬头

接上式，上身抬起，双拳由里向上，向外向下各绕半周，接着右脚震跺变成左九宫步，同时双拳向前斜上方顶击，两拳眼朝外，眼视左前方。见图5。

图5　猛虎抬头

第四　猛虎抖毛（右、左）

接上式，左脚震跺变右九宫步，同时左拳划小弧由左向右向下再向左带，右臂同时随右拳由左向右向下再向左抖打，成猛虎抖毛（右）式，眼视前方。见图6。

接上式，动作与上式相反，右脚震跺，变左九宫步，右拳向右带，左拳向右抖打，成猛虎抖毛（左）式，见图7。

第五　猛虎捕食（左）

接上式，左脚向左前方迈半步，右脚拖拉步跟上，成左九宫步，双拳变掌，收回胸前，再向左前下方捕出，双掌心斜朝左下方。见图8。

图 6　猛虎抖毛(右)

图 7　猛虎抖毛(左)

图 8　猛虎捕食(左)

第六　黑虎掏心(右)

接上式,右脚向右前方插脚跨步成右九宫步,同时右掌贴左掌背向前搓打，左掌停于小腹前，掌心斜向下，右掌成虎爪状，五指微向里勾，接着右掌外旋，拧转成拳收于胸前，右肘贴胸，拳心朝上，随后以右小臂向前方压击，眼视前方。见图 9、图 10、图 11。

图 9　黑虎掏心(右)一

图 10　黑虎掏心右二

图 11　黑虎掏心右三

第七　猛虎捕食(右)

接上式,右脚向前方迈半步,左脚拖拉步跟上,成右九宫步,双拳变掌收回胸前,再向右前下方捕出,双掌心斜朝右下方。见图12。

图12　猛虎捕食(右)

第八　黑虎掏心(左)

接上式,左脚向左前方插脚跨步成左九宫步,同时左掌贴右掌背向前搓打,右掌停于小腹前,掌心斜向下,左掌成虎爪状,五指微向里勾,接着左掌外旋,拧转成拳收于胸前,左肘贴胸,拳心朝上,随后以左小臂向前方压击,眼视前方。见图13、图14、图15。

图 13　黑虎掏心左一

图 14　黑虎掏心左二

图 15　黑虎掏心左三

第二趟：

第九　猛虎剪尾

接上式，回身右仆步，左拳变掌向里回旋再向左上方反掌插出，掌心朝上，同时右掌向里回旋。再反掌沿右腿外侧向右下方插出，接着起身成右九宫步，左掌收于肋下，掌心朝下，右掌变正阳掌向右再向左剪出（如同虎尾扫打）。见图 16、图 17。

图 16 猛虎剪尾一

图 17 猛虎剪尾二

第十　飞虎入林

接上式，右腿跳起，左腿向前迈一步成左弓步，同时右掌外旋收至腋前，掌心向左，左掌变拳从右掌背上打出，拳眼朝上，眼视前方。见图 18。

图 18　飞虎入林

第十一　硬攻腹底(右)

接上式,左掌搭在右手腕上,辅助右拳向回再向斜下方直拳击打,同时左腿从右腿后面倒插半步,成半蹲式倒插步,眼视右拳。见图 19。

图 19　硬攻腹底(右)

第十二　野马分鬃(左)

接上式,左转身成左弓步,双拳从胸前向两侧分击,左拳拳眼朝左,向左上方击出,右拳拳心朝下,向右下方击出,眼视左拳。见图20。

图20　野马分鬃(左)

第十三　硬攻腹底(左)

接上式,右掌搭在左手腕上,辅助左拳向回再向斜下方直拳击打,同时右腿从左腿后面倒插半步,成半蹲式倒插步,眼视左拳。见图21。

图 21　硬攻腹底(左)

第十四　野马分鬃(右)

接上式,右转身成右弓步,双拳从胸前向两侧分击,右拳拳眼朝右,向右上方击出,左拳拳心朝下,向左下方击出,眼视右拳。见图 22。

图 22　野马分鬃(右)

第十五　猛虎伸腰

接上式，身体右转，右腿震脚，左腿向前迈出一步，成左弓步，双拳从胸前同时向前方击出，两拳眼相对，双肘略弯，含有余力，眼视前方。见图 23。

第十六　猛虎回头

接上式，身体向右回转 45 度，左腿随身体向前迈半步，成左虚步，同时双拳左上、右下，从后向前抡砸，眼视前方。见图 24。

图 23　猛虎伸腰

图 24　猛虎回头

第三趟：

第十七　飞虎穿林

接上式，右腿前行半步成右虚步，右掌变虎爪向前探出，掌心朝前，左掌变爪护于右肋下，掌心朝斜下方；接着，左腿前行半步成左虚步，左虎爪向前探出，掌心朝前，右虎爪护于左肋下，掌心朝斜下方，眼视前方。见图 25、图 26。

图25　飞虎穿林一

图26　飞虎穿林二

第十八　飞虎上树(右)

接上式，起身，轻轻将右腿抬起，踢一个右外摆莲，同时左手搭在右手腕上，辅助右手随右外摆莲，由左而右挑拨，再外旋向下抽至小腹前，掌心向下，同时左掌从右掌背上向下挫压，掌心朝斜下方，同时右腿落地并形成左卧盘，眼视左爪。见图27、图28。

图27　飞虎上树(右)一

图28　飞虎上树(右)二

第十九　飞虎穿林

接上式，左腿前行半步成左虚步，左掌变虎爪向前探出，掌心朝前，右掌变爪护于左肋下，掌心朝斜下方；接着，右腿前行半步成右虚步，右虎爪向前探出，掌心朝前，左虎爪护于右肋下，掌心朝斜下方，眼视前方。见图 29，图 30。

图 29　飞虎穿林一

图 30　飞虎穿林二

第二十　飞虎上树(左)

接上式，起身，轻轻将左腿抬起，踢一个左外摆莲，同时右手搭在左手腕上，辅助左手随左外摆莲，由右而左挑拨，再外旋向下抽至小腹前，掌心向下，同时右掌从左掌背上向下挫压，掌心朝斜下方，同时左腿落地并形成右卧盘，眼视右爪。见图 31，图 32。

图 31　飞虎上树(左)一

图 32　飞虎上树(左)二

第二十一　飞虎双撞

接上式，起身，双脚弹地跳起，落地成左弓步，在跳起的同时双臂上举，以左手拍打右手背，接着双手外旋变拳，从头两侧向斜前上方双击，两拳眼相对，右拳在上，左拳在下，眼视前方。见图 33、图 34。

图 33　飞虎双撞一

图 34　飞虎双撞二

第二十二　飞虎抓鹰

接上式，左脚震跺，右脚向前迈半步成右九宫步，同时双拳收回变双爪从胸前向前方抓捕，右爪高，左爪低，眼视前方。见图 35。

第二十三　野马闯槽

接上式，右脚震跺，左脚向前迈半步成左九宫步，同时双爪划弧变拳从胸前平击前方，两拳平衡，拳眼相对，眼视前方。见图 36。

图 35　飞虎抓鹰

图 36　野马闯槽

第二十四　猛虎看家

接上式，身体右转 135 度成右虚步，同时左拳变掌从脑后向头前推至胸前，接着右爪从左掌背上向前探出，爪心朝前，左爪停于右胁下，掌心斜向下，眼视前方。见图 37。

图 37　猛虎看家

第四趟：

第二十五　猛虎下山

接上式，左腿向前半步成左九宫步，右掌向里沿左臂与左手腕相会，两掌心斜相对，以左掌为主，向左下方推出。接着右腿再向前半步成右九宫步，左掌向里沿右臂与右手腕相会，两掌心斜相对，以右掌为主，向右下方推出，眼视掌推方向。见图 38、图 39。

图 38 猛虎下山一

图 39 猛虎下山二

第二十六　猛虎斗鸡

接上式，左腿上前成左虚步，双掌似抓鸡状，左手在前变阳拳向右抖，右手在后变阴拳向右带，眼视前方。见图 40。

图 40　猛虎斗鸡

第二十七　锦鸡蹬脚

接上式，全身重量转到左腿上，双拳变掌交架于胸前，右掌在前，左掌在后，双掌心向外，同时右腿以脚后跟向前下方蹬出，脚尖朝外，眼视前下方。见图41。

图41　锦鸡蹬脚

第二十八　猛虎斗鸡

其动作与第二十六相同，见图42。

图 42　猛虎斗鸡

第二十九　锦鸡蹬脚

其动作与第二十七相同，见图 43。

图 43　锦鸡蹬脚

第三十　飞虎担山

接上式，右脚向前落地成右九宫步，双掌变拳从胸前分别向左右横击，拳眼向后，拳心向上。接着左腿向前半步成左九宫步，双拳上旋回带，拳心向下，再分别向两侧直击，眼视前方。见图44、图45。

图44　飞虎担山一

图45　飞虎担山二

第三十一　猛虎打盹

接上式，右腿向左前方迈半步，双腿半蹲卧盘步，右拳从右向上向前向下收于右肋处，左拳与右拳相挫并直击斜下方，眼视前方。见图46。

第三十二　猛虎抓鸡

接上式，向右转身180度，成蹲步，右腿实，左腿虚，双拳同时变爪向前下方捕抓，眼视前方。见图47。

图 46　猛虎打盹

图 47　猛虎抓鸡

第五趟：

第三十三　飞虎行山

接上式，起身，成左外摆九宫步，右掌向内扒，落于左胁旁，左掌立掌向上旋钻，掌心朝左，指尖朝上，略高于头，接着逆时针，以蹚泥步，左摆，右扣，走一整圈，眼看左掌。见图48。

图48　飞虎行山

第三十四　猛虎张嘴

接上式，行至一圈，变右九宫步，同时双掌掌跟相接，如同一张虎口，左掌在上，右掌在下，向斜下方推压，眼视前下方。见图49。

图 49　猛虎张嘴

第三十五　飞虎腾空

接上式，左掌拍右掌手背，双臂如大鹏展翅向前后分开，右手变掌、左手变勾，同时右脚蹬地，左脚前踢，右脚在空中再踢（亦称二起脚），右掌同时拍打右脚面。眼视前方。见图 50、图 51。

图 50　飞虎腾空一

图 51　飞虎腾空二

第三十六　黑虎托山

接上式，二起脚落地，变右弓步，同时双臂成扁担式，右拳在前，左臂在后，两拳拳眼朝上。眼视前方。见图52。

图52　黑虎托山

第三十七　缠丝坐洞

接上式，身体向右拧转成卧盘式，同时左掌拍抓右腕，右手由左向上向右缠腕握拳下坐，再起身扁踹左脚。眼视左前方。见图53、图54。

图 53　缠丝坐洞一

图 54　缠丝坐洞二

第三十八　虎掌抽腮

接上式，左脚落地，右脚再向前一步成马步，同时左手变掌叠在右腋前，掌心向右，右掌向右前方推出，眼视右掌。接着震左脚向前垫一步，使双腿并拢，同时右手由左向后向前猛抖掌，掌心朝上（抽打对方腮部）。左掌同时由右向左向后向前再回到右腋前，眼视右掌。见图55、图56。

图55 虎掌抽腮一

图56 虎掌抽腮二

第三十九　猛虎抖毛

接上式，震跺右脚，左腿向前半步，成左九宫步，同时左手握拳向右抖，右手握拳向右带，左拳心朝上，右拳心朝下，眼视前方。见图57。

第四十　猛虎打盹

接上式，右腿向左前方跨半步，成卧盘式。右拳向前、向上、向下向后抽于右胁，左拳从右拳上面向左下方捶击，眼视前下方。见图58。

图 57　猛虎抖毛

图 58　猛虎打盹（背身）

第六趟：

第四十一 猛虎剪尾

接上式，右腿退一步成右仆步，同时右拳变掌内转成反阳掌（手心朝上），沿大腿胯侧斜插至脚腕部再外旋斜上拧钻成正阳掌向外拨再向左砍（如同虎尾剪打）。左拳变掌先向后反阳掌斜穿，再随右手动作将左掌收至左胁侧，同时起身成右弓步，眼视前方。见图 59、图 60。

图 59　猛虎剪尾一

图 60　猛虎剪尾二

第四十二　猛虎出柙

接上式，左腿向前迈一步成左弓步，左手握拳向斜上方顶，小臂向前压，拳眼朝左，拳心朝上，同时右掌顺势立掌撤至左肘下方，掌心朝左，眼视左拳。见图 61。

图 61　猛虎出柙

第四十三　鱼跃撩阴

接上式，右腿跳起前跨一步，左腿跟着向前迈一步成左弓步，同时右掌从左向上、向右、向下划一半圆，横掌向右前方砍去，掌心朝上，左拳内旋画一小环向头的斜上方拦架，眼视右掌。见图 62。

第四十四　摘身靠臂

接上式，右腿后蹲成实步，左腿后撤成虚步，同时右掌变拳挎于右胁侧，拳心朝上，左臂下抽，左肘贴胸，小臂略向右带放平，拳心朝上，眼视前方。见图 63。

第四十五　猿猴献果

接上式，右拳变掌，以掌背从左肘沿小臂滑至左手指再外旋，接着双掌根相对，十指分开，形成托桃状，向前上方一送，同时右脚与左脚并拢，双腿半蹲，眼视前方。见图 64。

图 62　鱼跃撩阴

图 63　摘身靠臂

图 64　猿猴献果

第四十六　猛虎捕食

接上式，双掌向回向下再向上，滚动向左前方捕按，双掌十指相对，掌心朝斜下方，同时左腿向左前方迈半步成左九宫步，眼视前方。见图65。

图65　猛虎捕食

第四十七　猛虎撞胸

接上式，右腿向右前方迈一步成右弓步，同时双掌变拳，右臂向右前上方拦架，身体随之右转，带动左拳向右前方顶打，眼视前方。见图66。

图 66　右式猛虎撞胸

接上式，左腿向左前方迈一步，成左弓步，同时，左臂向左前上方拦架，身体随之左转，带动右拳向左前方顶打，眼视前方。见图 67。

图 67　左式猛虎撞胸

第四十八　猛虎点头

接上式，身体右转 180 度，成右九宫步，左拳随转体带动左臂从脑后向脑前滑动至胸前，拳心朝下，同时以右阳拳从左小臂上向前上方点打，拳心朝上，眼视前方。见图 68。

图 68　猛虎点头

第七趟：

第四十九　鸳鸯蹬脚

接上式，全身重量转向右腿，略弯曲，双掌叠成十字手，右上左下，架于左胸前，同时左脚以脚后跟向前下方蹬。接着换左腿负重，双掌十字手转为右侧左上右下，以右脚后跟向前下方蹬出，眼视前方。见图 69、图 70。

图 69　鸳鸯蹬脚一

图 70　鸳鸯蹬脚二

第五十　飞虎亮爪

接上式，右腿向前迈半步，成右弓步，同时右手握拳直击前方，拳眼朝上，左手叠掌立于右腋侧，接着仆右腿，以右拳击打右脚背，再左脚蹬地弹起，同时右脚向前踹（用脚跟踹），双掌从胸前向两侧分，左臂画弧架于左上方，掌心朝前，右拳变勾平伸于右侧，勾尖朝下，眼视前方。见图 71、图 72、图 73。

第五十一　猛虎推山

接上式，右脚落地并震跺，左脚向前迈出一步成左弓步，同时双掌分别外旋一小圈，从胸前相交并同时向前方推，双掌指尖朝上，掌心朝前，眼视双掌。见图 74。

第五十二　犀牛望月

接上式，右腿向前迈一步，成左侧马步，同时双掌向下、向外、向前外旋至胸前，接着左掌向上托，拇指朝外，掌心朝上，右掌向前推，掌指朝上，掌心朝前，似推窗望月状，眼视前方。见图 75。

图 71　飞虎亮爪一

图 72　飞虎亮爪二

图 73　飞虎亮爪三

图 74　猛虎推山

图 75　犀牛望月

第五十三　虎肘靠心

接上式，身体直立，两脚并拢，同时左掌由上而下而外而前，右掌由中而里而外，当右肘与肩平衡时，肘尖向前靠，左掌同时拍打右肘，眼视肘前方。见图76。

图76　虎肘靠心

第五十四　白虎洗脸

接上式，右掌反背（掌心朝上）向前方拍打，接着转成立掌（掌心朝前），由上而下而回，扒打对方脸，同时左腿后撤成马步，眼视前方。见图77、图78。

图 77　白虎洗脸一

图 78　白虎洗脸二

第五十五　猛虎打盹

接上式，左腿向右腿前跨半步，成半蹲卧盘步，同时左拳从头左侧绕向右侧再收回到肋部挎拳，右拳从左拳上交挫向右下方击打，眼视右下方。见图79。

图79　猛虎打盹

第五十六　猛虎伸腰

接上式，左腿震脚，右腿向前半步成右弓步，同时双手握拳向正前方直击，眼视前方。见图80。

图 80　猛虎伸腰

第八趟:

第五十七　猛虎翻身

接上式,左转回身 180 度,成左九宫步,同时右拳随体转从脑后滑向前额至胸前,拳心向下,左拳从右小臂内向前上方钻打,拳与眼眉齐,拳心向内,眼视左拳。见图 81。

第五十八　飞虎行山

接上式,右拳变掌右旋拧转立于眼前,掌心朝右后方,掌指朝上,左拳变掌俯立于右肋侧,掌心斜向右,同时右脚外摆,成右侧九宫步,接着以蹚泥步,里摆,外扣,行一整圈(一般为八步),眼视前方。见图 82。

图 81　猛虎翻身

图 82　飞虎行山

第五十九　飞虎上树

接上式，右腿跃起，左腿随之跨前一步，落地成左九宫步。同时左右掌变爪，先右后左各连续前扒两次（最好在空中实现），如同爬树状，双脚落地后，左爪在上，掌心朝前，右爪在下，掌心朝斜下方，眼视前方。见图 83。

图 83　飞虎上树

第六十　飞虎出林

接上式，右腿上一步，成右九宫步，双手握拳从腹前向斜上方分击，拳高略低于头，拳面朝前，拳心斜向后，眼视前方。见图 84。

第六十一　双封贯耳

接上式，左腿上一步，成左九宫步，同时双拳从上斜向下（贴两胁）、向外、再向上双击对方两耳，两拳眼相对，拳距约 15 厘米，眼视两拳。见图 85。

第六十二　黑虎掏心

接上式，右腿上一步，成右九宫步，同时右拳变掌从胸前贴左手背向前方掏抓，掌心向前，再握拳外旋抽回并以小臂向前挤压，左掌俯立于小腹前，掌心斜向下，眼视前方。见图 86、图 87。

图 84　飞虎出林

图 85　双封贯耳

图 86　黑虎掏心一

图 87　黑虎掏心二

第六十三　龙虎合斗

接上式，右拳由右而左而上而下挎于右肋侧，左拳由右而左而上再向右靠打，拳心朝后，同时左脚拖拉步前迈半步，右脚外摆以脚跟向前下方蹬出，眼视前方。见图 88、图 89。

第六十四　群连五掌

接上式，裹右腿将脚提至裆部，左腿直立，全身重量在左腿，同时左手叠掌至右腋前，右掌从右至中横砍，掌心朝上。接着，右腿落地直立，裹左腿，将脚提至裆部，右掌叠至左腋旁，左掌直立推至前方，掌指朝上。接着左掌由前而上、而后、而下至与右掌平行时，双掌同时向上而后、而下至与肩平时，右掌变勾，左掌直臂提立于左侧，掌心向右，眼视左掌。见图 90、图 91、图 92、图 93。

第六十五　收势

接上式，以左脚为轴，逆时针旋转至 215 度，同时右脚落地成右弓步，将左掌挎于左肋侧，右掌拦腰横砍，掌心朝上，接着右腿退一步成左弓步，同时右掌叠于左腋前，左掌变拳直击前方，拳眼朝上，再接着，撤左腿成正马步，右掌向右划弧至与肩平时变勾，左拳变掌从下而右而上而左至与肩平时立掌停下，再接着双手同时从两肋处向前伸掌，掌心朝上，双掌再内旋贯气下压收势，身体直立。见图 94、图 95、图 96、图 97、图 98、图 99、图 100。

图 88　龙虎合斗一

图 89　龙虎合斗二

图 90　群连五掌一

图 91　群连五掌二

图 92　群连五掌三

图 93　群连五掌四

图 94　收式一

图 95　收式二

图 96　收式三

图 97　收式四

图 98　收式五

图 99　收式六

图 100　收式七

妙智八极飞龙掌图解

妙智八极飞龙掌以九宫八卦图为行拳路线，八方运行，交叉自如，自然走成了二十个三角、八枝梅花、四块方地，具有轻灵、圆活的特点。

妙智八极飞龙掌行掌路线图：

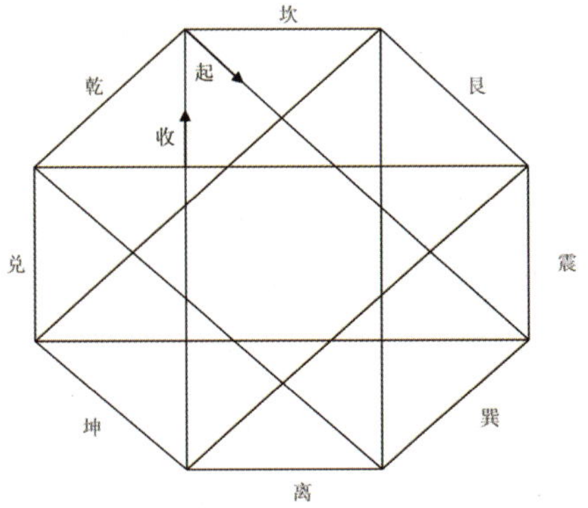

面朝南或东方，以左上方为起点

妙智八极飞龙掌的要领：

1. 松肩沉肘，含胸拔背，头正颈直，舌舐上腭；

2. 内三合：心与意合，意与气合，气与力合；

3. 外三合：手与脚合，肘与膝合，肩与胯合；

4. 步法轻灵，身法圆活，行拳流畅，拳掌交融，攻防自如，变化无穷。

妙智八极飞龙掌的主要身法、步法及掌法：

身法及步法：闪、辗、腾、挪、窜、蹦、跳、跃、翻、转、扑、扣、蹲、坐、缠、钻。

掌法：吐、穿、点、伏、剪、挫、抖、挂、藏、转、推、刁、抡、拍、滚、扑、磨、探、托、翻、掐、展、抓、煽。

妙智八极飞龙掌动作分解：

第一趟：

预备式：面向南或东，全身放松，身体直立，两腿与肩同宽，两臂下垂，两眼平视，舌舐上腭，自然呼吸。见图1。

图1　预备式

第一　手画太极图

右掌自右下方伸向左上方，自左向右，再向下、向左，再旋转向右、向上、向左、向下，手画一个完整的太极图。眼随手观。见图2、图3。

图 2　手画太极图一

图 3　手画太极图二

第二　飞龙探掌

接上式，右脚向左前方迈出半步，成左半蹲卧盘步，同时左掌贴右掌背向前上方探掌，掌心朝上，掌指朝前，右掌顺势停于左腋下，掌心朝斜下方。接着，换左腿向前迈半步，成右半蹲卧盘步，同时右掌贴左掌背向前上方探掌，掌心朝上，掌指朝前，左掌顺势停于右腋下，掌心朝斜下方。眼看前掌。见图 4、图 5。

第三　二龙戏珠

接上式，以腰为轴，使右掌带动小臂为外旋半圈，转换成八字俯掌，再以食指中指向前点击对方双眼，左掌俯于右胁侧，掌心向下，同时，右腿向前插半步，左腿随之成右九宫步，眼视二指。见图 6。

图4　飞龙探掌一

图5　飞龙探掌二

图6　二龙戏珠

第四　青龙吐水

接上式，左腿蹲，右腿扑，同时左掌由下而前、而上、而后画弧，至与左肩平时变成勾手，右手则由前而上、而后贴左胸前向下，以阳掌沿右腿外侧到脚腕部再向斜上方钻托，右腿随之成右弓步，眼视前方。见图7、图8、图9。

第五　白蛇伏草

接上式，左脚倒插于右腿后，成半蹲卧盘步，同时，左掌搭在右手腕部，以右掌带动，由前而上、而后、而下至左右腿之间距地面20公分处切掌，掌心朝斜下方。眼视右掌。见图10。

图7　青龙吐水一

图8　青龙吐水二

图 9　青龙吐水三

图 10　白蛇伏草

第六　青龙入林

接上式，起身，右腿向前半步成右九宫步，同时左掌俯于右腋下，右掌从左掌背上向前穿出，掌心朝上；接着左腿再前跨半步，成左九宫步，同时将右掌俯于左腋下，左掌从右掌背上向前穿出，掌心朝上，眼看前掌。见图 11、图 12。

图 11　青龙入林一

图 12　青龙入林二

第七　白蟒滚身

接上式，向右转身，两腿微蹲，双掌从胸前向两侧各画一半圆到小腹前交汇，接着双臂向两侧抽打，双脚同时跳起并向两侧弹踢，接着顺时针分别转两个 180 度，同前动作再重复做两次。两眼平视。见图 13、图 14、图 15、图 16、图 17、图 18。

图 13　白蟒滚身一

图 14　白蟒滚身二

图 15　白蟒滚身三

图 16　白蟒滚身四

图 17　白蟒滚身五

图 18　白蟒滚身六

第八　飞龙探掌

接上式，右腿向左前方半步，成半蹲卧盘步，同时右掌俯于左腋下，掌心朝前下方，左掌向左前方探出，掌心朝上；接着转换成左腿向前方半步，成半蹲卧盘步，左掌俯于右腋下，右掌向右前方探出，眼视前掌。见图 19、图 20。

图 19　飞龙探掌一

图 20　飞龙探掌二

第二趟：

第九　青龙返首

接上式，身体左转 180 度，成左虚步，右手阳掌从脑后沿头顶向前滑行至左肋前侧立掌不动，掌心朝左前下方，左掌变爪，从右手背上方向前探出，爪心朝前，眼视前掌。图 21。

图21　青龙返首

第十　白蛇吐信

接上式，右腿上前半步，全身重量移至右腿上，左腿提起，左脚护裆，脚尖朝下，同时左手卧掌放于左胁侧，掌心朝下，右手变八字掌，以食中二指由胸前向正前方穿点，掌心朝上，眼视右掌。见图22。

图22　白蛇吐信

第十一　伏地撩阴

接上式，左脚后落半步下蹲，全身重量移至左腿，右腿随之放于左脚内侧，前脚掌点地，成右虚蹲步，同时左掌从腰侧横卧掌向前上方推架，右掌由上而下向右脚侧甩打，掌心朝左，眼视右手。见图23、图24。

图23　伏地撩阴一（正面）

图24　伏地撩阴二（背面）

第十二　青龙行空

接上式，起身，右腿向前迈半步，顺势弹跳并顺时针旋转360度，同时左掌俯于右肘窝处，右臂抬起，阳掌略高于头，与身体顺时针旋转360度，待双脚落地成右九宫步，双臂撑开，左掌向后拉至左胁侧，掌心朝下，右掌横卧掌向前方撑出，掌心朝下，右臂成半圆形，眼视右前方。见图25、图26。

第十三　青龙吐水

接上式，左腿下蹲，右腿变仆步，同时左掌绕右掌由下而前、而上、而后至与肩平时变勾手，右掌由前而后、而下沿人腿外侧伸掌（掌心朝上）下穿至脚外踝处向斜上方钻托，至与鼻尖平，眼视前方。见图 27、图 28、图 29。

图 25　青龙行空一

图 26　青龙行空二

图 27　青龙吐水一

图 28　青龙吐水二

图 29　青龙吐水三(侧身图)

第十四　青龙望月

接上式,左腿上半步,身体右转成马步,同时右掌自然内旋,掌心朝外,拉至前额上方,右臂成半圆形,左掌立掌向左侧推出,掌心朝左,眼视左掌。见图 30。

图 30　青龙望月

第十五　青龙探掌

接上式，身体抬起，左转，右腿向前半步，全身重量移至右腿，左腿提膝裹腿，以左脚护裆，脚尖朝下，左掌撤回至左胁侧，右手阳掌向前方探出，掌心朝上，眼看右掌。见图31。

图31　青龙探掌

第十六　大蟒翻身

接上式，左腿上前一步成左弓步，同时身体先右转带动左臂从左向右、向下向左画一圆弧，接着身体左转将左掌顺势向左前方撩出，掌心朝上，掌指朝前，眼视左掌，右掌俯掌于右胁旁。见图32。

第十七　青龙摆尾

接上式，身体再向右转，带动左掌再由前而后、而下旋转至右胯时，手掌内旋反掌沿左大腿外侧下穿至外踝骨处再外旋拧掌，掌心朝上，顺势向左撩，再向右前方砍，同时右掌内旋反掌向后插。待起身时右掌再俯掌于右胁侧，成左弓步，眼视前方。见图 33、图 34。

图 32　大蟒翻身

图 33　青龙摆尾一

图 34　青龙摆尾二

第三趟：

第十八　青龙入水

接上式，回身变右仆步，同时左掌内旋反掌向后插，左肘略高于肩，掌心朝上，右掌内旋反掌从右胁向下沿大腿外侧斜向下伸至踝骨处外旋变俯掌，接着右腿正蹲，左腿上步，将左脚放于右脚内侧，前脚掌点地，同时右掌略上收，左掌贴右掌背下探，十指朝下，掌心朝后，眼视左掌前方。见图35、图36、图37。

图35　青龙入水一

图 36　青龙入水二(正身)

图 37　青龙入水二(侧身)

第十九　推山入海(左)

接上式,右腿前上半步,身体左转成马步,同时左掌阳掌上托至额头前上方,掌心朝上,右手立掌向胸前推,掌心朝前,眼视前方。见图 38。

图 38　推山入海(左)

第二十　推山入海(右)

接上式,左腿向右前方上半步,身体右转成马步,同时右掌阳掌上托至额头前上方,掌心朝上,左手立掌向胸前推,掌心朝前,眼视前方。其动作与图 38 相同,动作相反。

第二十一　五爪穿心

接上式,身体左转,右腿向前半步成右虚步,同时右掌俯掌前穿,掌心朝下,掌指朝前,左掌横俯掌贴于右腋前;接着左腿向前半步成左虚步,同时左掌俯掌前穿,掌心朝下,掌指朝前,右掌横俯掌贴于左腋前;再接着右腿跳步,左腿前落仍为左虚步,同时双掌在空中连穿三掌,即右、左、左(第一个左掌穿完后迅速收于左肩,同时右掌绕左掌自上而下画一圆圈),眼观左掌。见图 39、图 40。

图 39　五爪穿心一

图 40　五爪穿心二

第二十二　龙爪抽腮

接上式，先右转身成左仆步，同时左掌从左而上而右而下而左以左掌背向左前上方抽打，此时又转成左弓步，右掌俯掌于右胁侧，眼视左掌。见图41。

图 41　龙爪抽腮

第二十三　青龙入水

接上式，与动作十八方向相反，右转身仆左腿，以左掌由左胁侧反掌向下，沿左腿外侧至左外踝骨处再外旋变俯掌，接着左腿正蹲，右腿上步，将右脚放于左脚内侧，前脚掌点地，同时左掌略上收，右掌贴左掌背下探，十指朝下，掌心朝后，眼视右掌。见图 42、图 43。

图42　青龙入水一

图43　青龙入水二

第二十四　拔草寻蛇

接上式，起身，震右脚，左脚向前半步成左九宫步，同时右掌在后，反掌向右拨打，左掌在前，阳掌向右砍击（掌心朝上），眼视前方。见图44。

图44　拔草寻蛇

第四趟：

第二十五　青龙出水

接上式，左掌向后向下向前画一弧，再向左前上方撩掌，接着左腿下蹲，右腿下仆，同时左掌反手后插，转身回头，右掌从右肋侧先反掌再外旋滚掌贴右腿外侧向斜上方穿托，掌心朝上，左掌俯于左肋处，成右弓步，眼视前方。见图 45、图 46、图 47。

图 45　青龙出水一

图 46　青龙出水二

图 47　青龙出水三

第二十六　拨云见日

接上式，左腿上前半步，身体右转成半蹲步，左掌阳掌至右胁侧，右掌阴掌在左掌上，两掌心相对，接着右掌收至左肘窝处，掌心朝上，左掌从右向左拨至左前方，接着左脚向前半步，右脚跟半步，同时左掌旋转变立掌向前推，掌心朝前，右掌侧立于左胁侧，眼视前方。接着右腿再上前半步，身体左转成半蹲步，其他动作与前述相同，方向相反，再做一次右拨云见日。见图 48、图 49、图 50、图 51、图 52、图 53、图 54。

图 48　拨云见日一（正面）

图 49　拨云见日二（背面）

图 50　拨云见日三

图 51　拨云见日四

图 52　拨云见日五

图 53　拨云见日六

图 54　拨云见日七

第二十七　龙爪反背

接上式，左脚上前与右脚并拢，同时右掌先向里旋转至胸前，接着右肘向正前方靠打，左掌拍打右肘，随后右掌向前以掌背拍打对方头脸，掌心朝上，眼视右掌前方。见图55、图56。

图55　龙爪反背一

图56　龙爪反背二

第二十八　青龙抓鹰

接上式，左腿后退，下蹲，右腿随之后退成虚步，同时右手内旋刁抓（亦称刁手）对方，再向后掳至右肩侧，左掌直立于右腋前，眼视前方。见图57。

图 57　青龙抓鹰

第二十九　龙跃滚掌

接上式，右手变勾手，在右小腿处由右向左横截，接着顺势将右勾变掌由左而上而右画一大半弧，向后拽，再向前推，掌心朝前，同时左掌随右掌由左而下而上而右而下停至右腋下，掌心斜向下，双掌变化的同时，左脚蹬地，右脚跳起，左脚随着上前一步，成左弓步，眼视前方。见图 58、图 59。

第三十　青龙托碑

接上式，身体后移，侧右转，成侧右弓步，同时右掌内旋，掌心朝上，掌指朝左，向右后上方托举，左掌阳掌向左下方探出，眼视左前方。见图 60。

第三十一　青龙探掌

接上式（如图二、图三），身体左转，两腿随之成卧盘步，同时左掌落至右腋下成俯掌，右掌从左掌背上方向前探出；接着右腿向前半步成右卧盘步，同时右掌落至左腋下，掌心斜向下，左掌从右掌背上方探出，掌心朝上，眼视前方。见图 61、图 62。

图 58　龙跃滚掌一

图 59　龙跃滚掌二

图 60　青龙托碑

图61 青龙探掌一

图62 青龙探掌二

第三十二 青龙抖鳞(左)

接上式,起身,右脚震跺,左脚向前半步,成左九宫步,同时双掌由右而上而左而下而右转一小圈,向右侧抖带,左掌心朝上,右掌心朝右,眼视前方。见图63。

图63 青龙抖鳞(左)

第三十三　青龙抖鳞(右)

接上式,动作与青龙抖鳞(左)相同,方向相反,成右青龙抖鳞,见图64。

图64　青龙抖鳞(右)

第五趟:

第三十四　乌龙缠腰

接上式,左脚向前半步,右脚随之贴左脚内侧踮脚站立(前脚掌着地),身体正身朝右;同时左手外旋向斜上方拧拨至头左上方,掌心向左,拇指朝外,右掌向右下方砍至右胯侧,掌心向内;接着转换为右脚实,左脚虚点地,同时右掌外旋向右上方拧拨至头右上方,左掌向左下方砍至左胯侧;再接着,转换为左脚实,右脚虚点地,同时左掌掌指朝下,由头右侧绕头至左肩侧,落于左胯旁,右掌反掌从腋下贴胁沿后背由右而左而下而右以阳掌向右前方推出,掌指朝下,成右九宫步,眼视前下方。见图65、图66、图67、图68。

图 65　乌龙缠腰一

图 66　乌龙缠腰二

图 67　乌龙缠腰三

图 68　乌龙缠腰四

第三十五　飞龙盖顶

接上式，右脚微虚，右掌带动右臂，由前向后从左侧抡一大圈，掌至左前下方时，左脚上前半步，左掌带动左臂，由前向后从右侧抡一大圈，掌至右前下方时，右脚上前半步，身体左转成马步，面朝左侧，同时右掌向后、向上、向前大抡一圈，并以右掌击打左掌手心，眼视两掌。见图 69、图 70、图 71、图 72、图 73、图 74、图 75。

图 69　飞龙盖顶一

图 70　飞龙盖顶二

图 71　飞龙盖顶三

图 72　飞龙盖顶四

图 73　飞龙盖顶四（背身）

图 74　飞龙盖顶五

图 75　飞龙盖顶五（背身）

第三十六　天王托塔

接上式，马步不变，双掌同时向左右上方托起，掌指斜相对，掌心斜朝上，再下按至两大腿外侧，手心朝下，眼视前方。见图 76、图 77。

图 76　天王托塔一（背身）

图 77　天王托塔二（背身）

第三十七　二龙戏珠

接上式，身体右转成右九宫步，同时右掌阳掌画一小弧，再内旋变八字掌，以食中二指向前方点击，眼视前方。见图78、图79。

图78　二龙戏珠一

图79　二龙戏珠二

第三十八　青龙浮水

接上式，双手阳掌后展，平伸，两掌心朝上，接着双小臂内旋向里向后贴两胁再向前对砍，两掌相距20厘米，掌心朝上，同时左脚向前半步成左九宫步，接着动作相同，再上前两步，再做两次青龙浮水。见图80、图81、图82、图83。

图 80　青龙浮水一

图 81　青龙浮水二

图 82　青龙浮水三

图 83　青龙浮水四

第三十九　二龙争斗

接上式,身体略后坐,带动双臂,再由前向后,向两侧向前上方敲击,即将双掌以合谷处相对敲击,双掌十指朝斜前上方,掌与头平,眼视前方。见图84。

图84　二龙争斗

第四十　大蟒返身

接上式,身体右转成右侧弓步,同时,左掌向后、向下、向前斜飞掌,以合谷处向外敲击,掌心朝上,右掌俯于右胁侧,变成左弓步,眼视前方。见图85。

图 85　大蟒返身

第六趟：

第四十一　青龙探爪

接上式，右转身 180 度，成右虚步，同时，左掌从脑后向前滑，滚至小腹右侧变爪状，爪心朝前，右手变爪，从左爪背上向前探出，爪心朝前，右臂成弧形，右爪与眼睛平，眼视前方。见图 86。

图 86　青龙探爪

第四十二　金蛇盘柳

接上式,身体右拧,成右半蹲卧盘步,同时,将右掌叠放于左肩前侧,掌心朝左,左掌滑放于右小腿外侧,掌指朝下,掌心朝右,眼视左掌。接着左腿上前半步,成左九宫步,同时,左掌向前方撩,掌指朝前,右掌顺势向右下方甩,停放至右大腿侧,眼视前方。接着身体左拧,成左半蹲卧盘步,将左掌叠放于右肩侧,右掌滑于左小腿外侧,再接着,右腿向前半步,成右九宫步,同时右掌向前撩,左掌向后甩,眼视前方。见图 87、图 88、图 89、图 90。

图 87　金蛇盘柳一

图 88　金蛇盘柳二

图 89　金蛇盘柳三

图 90　金蛇盘柳四

第四十三　银蛇出洞

接上式，右脚震跺，左脚向前半步，成左九宫步，同时，双掌由上而两侧至前下方推出，掌跟在上，掌心朝前，眼视双掌前方。见图91。

图91　银蛇出洞

第四十四　狮子滚球

接上式，左脚移至左前方，成左九宫步，同时，双掌如滚球状，先往里，再往前下方滚按，十指相对，眼视前方。见图92。

图 92　狮子滚球

第四十五　狮子扑球

接上式，右腿向右前方上半步，成右九宫步，同时，双掌向右前方扑按，右掌在前，左掌在后，掌心朝斜前下方，掌指朝斜上方，眼视前方。见图 93。

图 93　狮子扑球

第四十六　青龙盘手

接上式，左腿前上半步，右腿再跟着上半步，身体右转成右卧盘步，同时，右掌由前而上而后而下画一圆圈，将掌放至右胁侧，掌心朝上。左掌从后向上向前向右砍掌，掌指朝前，掌心朝上，眼视左掌。见图 94、图 95。

图 94　青龙盘手一

图 95　青龙盘手二

第四十七　青龙托珠

接上式，起身，左脚向前半步，右脚紧跟向前与左脚并拢，同时，右掌内旋，以右掌背从左肘沿小臂滑向左掌，使两掌跟相对，十指张开如托珠状向前上方送出，眼视前方。见图 96。

第四十八　黑熊探掌

接上式，右腿站立，左腿提起，左脚裹腿护裆，同时，左掌撤至左胁侧，掌心朝下，右掌阳掌向前方探出，掌心朝上，眼视前方。见图 97。

图 96　青龙托珠

图 97　黑熊探掌

第七趟：

第四十九　黑熊反背

接上式，左腿前上一步，成左弓步，同时，身体先往回转，带动左掌向后、向下、向前斜掌抡出，掌心朝上，掌与眉同高，右掌放在右胁处，掌心朝下。接着右转身180度，右腿后撤成虚步，右掌外旋变掌心朝上，左掌从脑后托架至头顶，略停，再将左掌滑落至小腹右侧，掌心朝外，同时，右掌向前方推出，掌心朝前，成右九宫步，眼视前方。见图98、图99。

图98　黑熊反背一

图99　黑熊反背二

第五十　黄鹰掐素

接上式，左腿向左前方上一步，成左弓步，同时，左手落于左胁侧，右手变拇食指掐东西状，从小腹前向前上方推掐，眼视前方。接着右腿向右前方上一步，成右弓步，右手落于右肋侧，左手变拇食指掐东西状，从小腹前向前上方推掐，眼视前方。见图100、图101。

图100　黄鹰掐素一

图101　黄鹰掐素二

第五十一　怀中抱月

接上式，身体右转，右腿直立，左腿提膝裹腿，同时，左右手环抱于胸前，左手在上，右手在下，两掌心相对，眼视左方。见图102。

第五十二　青龙展腰

接上式，左腿落于左前方，成马步，同时，双掌从胸前向两侧展推，掌指朝上，掌心朝前，眼视前方。见图103。

第五十三　上步推掌

接上式，身体左转，右腿向前上一步，成右弓步，同时，左掌叠掌于右腋前，掌心朝外，右掌向右前方推出，掌指朝上，掌心朝斜前方，眼视前方。见图104。

图 102　怀中抱月

图 103　青龙展腰

图 104　上步推掌

第五十四　虚步叨手

接上式，右腿后撤半步，成右虚步，同时，右手向前抓掳攥紧，用力向后拉至右肩前，眼视前方。见图 105。

第五十五　鹞子抓肩

接上式，右掌向前方送出，掌心朝下，眼视右掌。接着右脚蹬地跳起，左腿前窜一步，右腿顺势倒叉于左腿后，成右倒叉步，同时，左掌贴右掌背向前下方滑出并变成勾手，右掌向后向上向前绕一小圈后拍抓左肩，眼视勾手。见图 106、图 107、图 108。

第五十六　鹞子飞升

接上式，左腿向前半步，成左弓步，同时，左掌带动左臂由前而后而下向前上方抡出，拇指朝左，掌心朝上；右掌向右下方甩出，掌心朝下，眼视前方。见图 109。

图 105　虚步叨手

图 106　鹞子抓肩一

图 107　鹞子抓肩二

图 108　鹞子抓肩二（背身）

图 109　鹞子飞升

第五十七　青龙入水

接上式，回身返首，变左仆步，同时，左掌反掌从左胯部沿大腿外侧向脚腕部插，随之拧掌，掌心朝下。接着右腿上半步，前脚掌贴左脚内侧下蹲，同时，右手由后向前下方插掌，右掌在下，左掌在上，眼视右掌。见图110、图111。

图110　青龙入水一

图111　青龙入水二

第八趟：

第五十八　青龙摆尾

接上式，右腿向后撤一步，成右仆步，同时，左掌反掌向后插，掌心向后，右掌内旋变反掌，从胯部沿大腿外侧向斜下方穿至踝骨处，再外旋拧转至掌心朝上，顺势向右撩，再向左砍，成右九宫步，眼视前方。见图112、图113。

图 112　青龙摆尾一

图 113　青龙摆尾二

第五十九　马上开弓

接上式，左腿上前半步，身体右转成马步，同时，右掌向右上方拉，架于头顶右上侧，掌心朝前，左掌向左侧推出，掌心朝左，眼视左手。见图 114。

图 114　马上开弓

第六十　青龙抖鳞（右、左）

接上式，如同第三十二，起身，左脚震跺，右脚上前半步，成右九宫步，同时双掌由左而上而右而下转一小圈，向左侧抖带，左掌心朝左，右掌心朝上，眼视前方。接着，右脚震跺，左脚上前半步，成左九宫步，双掌同时向右侧抖带，右掌心朝右，左掌心朝上，眼视前方。见图115、图116。

图115　青龙抖鳞一

图116　青龙抖鳞二

第六十一　叠肘反背

接上式，身体抬起，右脚与左脚并步，同时，右肘向前靠打，左掌拍打右肘，接着，右掌反背向前方拍打，掌心朝上，左掌俯掌停放于右腋下，眼视前方。见图117、图118。

图 117　叠肘反背一

图 118　叠肘反背二

六十二　迎风推掌

接上式，左腿站立，右腿提膝裹腿，同时，左掌立掌向前推出，右手变勾，拉到右后方，两臂与肩同平，眼视前方。接着，右腿向前跨半步，身体左转成左马步，同时，左掌叠至右肩侧，右掌向右前方推出，掌心朝侧前方，眼视右掌。见图 119、图 120。

第六十三　掩手嘴巴

接上式，左脚震跺，右脚前垫半步，左脚再上前与右脚并拢，同时，左掌由肩而后而左而前又回到原位，右掌由前而左而后而右而前抖砍，眼视右掌。见图 121。

第六十四　二龙争斗

接上式，左腿上前半步，成左九宫步，同时，双掌由内而外而前而上双击，即以两掌合谷敲击,双掌相距 15 厘米,掌指朝斜上方,眼视前方。见图 122。

图 119　迎风推掌一

图 120　迎风推掌二

图 121　掩手嘴巴

图 122　二龙争斗

第六十五　青龙返首

接上式，左腿上前一步，成左弓步，同时，左掌由前而后而下而前在右侧画一大弧，再向前斜飞掌，掌心朝上；右掌停于右胁侧，眼视前方。接着向右回转身180度，右腿后撤成右虚步，同时，左掌从脑后向前滑至小腹右侧，右掌变爪向前上方探出，爪心朝前，眼视右掌。见图123、图124、图125（侧身）。

第六十六　收式

接上式，右腿移至右侧，成马步，同时，右掌内旋由眼前向右侧拨打至右臂伸直时变勾手，左臂内旋由眼前向左侧拨滚变立掌，掌心朝前，眼视左掌。接着，双掌收至腰侧，再向前伸出，掌心朝上，同时身体站立，双掌外旋回落于小腹前，眼视前方，收式。见图126、图127、图128、图129。

图123　青龙返首一

图 124　青龙返首二

图 125　青龙返首二(侧身)

图 126　收式一

图 127　收式二

图 128　收式三

图 129　收式四

结束语

中华武术源远流长，养生文化灿若星河，真可谓功理精湛，博大精深。

本书之作酝酿于五年前，虽然笔拙，但也是本人毕生的心血，并实现了一份传播民族文化的心愿。

本人创编《妙智八极飞虎拳》和《妙智八极飞龙掌》是在20世纪80年代中期，目的是想集各家之长弘扬民族文化，使中华武术这颗璀璨的明珠能永放光芒。现在出书随时间略晚，但也是抛砖引玉，意在唤起更多的武术爱好者能够深入研究和弘扬中华武术。

本人创编《妙智养生功》动念于2010年，那是因为自己在修炼《易筋经》和《洗髓经》的实践中受益匪浅，体会颇深，加之深入研读了《黄帝内经》《道德经》等养生方面的理论，使自己对养生健身又有了新的认识。自己认为：人的生命与大自然变化是同一的，大自然气候的变化必然影响着人的身体功能的变化，要养护好身体五脏六腑、经络血脉和筋骨皮肉的能力，必须要顺应气候的变化进行重点突出的保健运动，再加之饮食调理，经络疏通，打坐修心，必然能事半功倍取得超凡的效果。在这个思想指导下，我实践了两年，感到效果非常突出，多年的颈椎病好了，血压、血脂都正常了，精气神像年轻时一样特别旺盛。为此我萌发了出书的念头，一定要将自己的所学、所悟、所得，传授给更多的人，让天下广大智慧觉悟的人都能健康长寿。

本人在写作此书期间，得到了很多领导、同事和热心朋友的无私关心和帮助，值此，特别署名致以诚挚的感谢！

感谢我的恩师张文玉先生，赵文元先生，刘焕军先生的授徒传艺之恩！

感谢中国人民政治协商会议内蒙古自治区委员会主席任亚平先生多年

来对我的真诚关心和热情支持！感谢他为本书的正式出版题词。

感谢中国武术协会主席高小军先生为本书的出版提供了很多指导意见；更感谢高小军先生为本书题写序言。

感谢国家体育总局武术研究院秘书长、国家武术研究院专家委员会执行专家、中国武术协会段位制办公室主任康戈武先生对本书出版给予的热情关心、指导和帮助。

感谢中国著名书画艺术家、中华文化大使沈学仁先生为本书题写书名。

感谢中国书法家协会理事，原内蒙古自治区赤峰市书法家协会主席，“全国神龙大奖赛优胜奖”获得者王福全先生，为本书的书名题字。

感谢我的师弟、当代书画家张贵民先生，为本书的编写给予的热情指导和支持；感谢山东书法家崔鹏举、孙鸿璋先生，为本书的书名题字！

感谢我的挚友周纯杰、郭刚、晓峰先生为此书的顺利出版在协调、设计、编辑等方面所付出的宝贵心血和辛勤劳动！

感谢我的同事、亲人和朋友李其辞、朱捷、赵建、潘立武、吴涛先生为我的书打字、校稿、照相、录像、配图编辑所付出的辛勤劳动！

借此机会，我还要感谢我的父母、兄弟姐妹、妻子儿女、师兄师弟、徒子徒孙多年来在习武练功方面给予我的热情支持、真挚理解和无私帮助！

朱立軍

20一五年十月廿八日